FELIX GERONIMO

Cut-up

Variantes y aplicaciones en la literatura

Contents

I

Introducción - La técnica cut-up en teoría

1

Orígenes del cut-up. De la vanguardia al mainstream

Historia y evolución de la técnica

La técnica del cut-up (o "corte y empalme") tiene sus raíces en las corrientes de vanguardia de principios del siglo XX, aunque se popularizó en la literatura durante la segunda mitad del mismo siglo. Su origen se remonta a las experimentaciones del poeta Tristan Tzara, uno de los fundadores del movimiento dadaísta, que propuso la idea de crear poesía cortando palabras de un periódico y luego ensamblándolas al azar. Esta técnica reflejaba el espíritu anti-artístico y de rebelión contra las convenciones del arte tradicional, propio del dadaísmo.

Posteriormente, la técnica fue desarrollada y adaptada por el escritor William S. Burroughs y su colaborador Brion Gysin en la década de 1950.

Gysin, un artista y escritor visual, descubrió accidentalmente el cut-up mientras trabajaba con periódicos. Inspirado por esta experiencia, Gysin compartió la técnica con Burroughs, quien la adoptó y la convirtió en una parte central de su proceso creativo.

Burroughs describió el cut-up como un método para "abrir nuevas vías de percepción" y lo utilizó ampliamente en obras como El almuerzo desnudo y La máquina blanda.

La técnica del cut-up fue, y sigue siendo, tanto una herramienta de creación literaria como una forma de subversión del lenguaje.

Burroughs creía que el lenguaje era una forma de control social y que el cut-up podía liberar a las palabras de sus significados tradicionales, creando nuevos contextos y revelando verdades ocultas.

A través del uso del cut-up, Burroughs y Gysin intentaron desmantelar la estructura lineal del pensamiento y romper con las narrativas convencionales, proponiendo una escritura más fragmentada y caótica que reflejara el desorden de la mente humana y la complejidad del mundo moderno.

Influencias artísticas y literarias

La técnica cut-up no surgió en un vacío; está profundamente conectada con las corrientes artísticas y literarias de su tiempo.

El dadaísmo, con su rechazo a las normas culturales y su énfasis en lo absurdo y lo aleatorio, fue un precursor evidente. Artistas como Marcel Duchamp y Man Ray influyeron en la adopción de técnicas de montaje y collage, que posteriormente evolucionarían hacia el cut-up en la literatura.

El surrealismo también jugó un papel crucial en la evolución del cut-up. Escritores como André Breton y Louis Aragon exploraron la escritura automática y otras formas de liberar la creatividad del control consciente.

Aunque la escritura automática se basa en el flujo ininterrumpido de pensamiento, mientras que el cut-up es más mecánico, ambos comparten la intención de desestabilizar la lógica y el orden establecidos.

En el ámbito de la música y las artes visuales, la técnica del cut-up también encontró un terreno fértil. Artistas como Bob Dylan y David Bowie han utilizado el cut-up en la composición de letras de canciones, mientras que la técnica del collage visual se convirtió en un elemento distintivo de movimientos como el cubismo y el arte pop.

El uso del cut-up en estos diferentes medios subraya su versatilidad y su capacidad para cruzar fronteras artísticas.

Con el tiempo, el cut-up ha pasado de ser una técnica de vanguardia a integrarse en el mainstream. En la actualidad, es común ver su influencia en la cultura popular, desde la literatura hasta la música, el cine y las artes visuales.

La capacidad del cut-up para desarmar y reconstruir significados sigue siendo una herramienta poderosa para los artistas y escritores que buscan desafiar las normas y explorar nuevas formas de expresión.

2

Fundamentos del cut-up: Conceptos básicos y metodologías

¿Qué es el cut-up? Definición y principios

El cut-up es una técnica literaria que consiste en cortar y reorganizar fragmentos de texto para crear una nueva obra.

A menudo asociada con los movimientos de vanguardia, especialmente el dadaísmo y el surrealismo, esta técnica fue popularizada en la literatura por William S. Burroughs y Brion Gysin a mediados del siglo XX.

En su forma básica, el cut-up implica tomar un texto preexistente, cortar sus palabras, frases o párrafos en fragmentos y luego reorganizarlos aleatoriamente o de acuerdo con un nuevo patrón determinado por el autor.

El resultado es un texto que desafía la estructura lineal tradicional y genera nuevas combinaciones de significado.

Este proceso puede aplicarse tanto a textos completos como a frases sueltas, permitiendo una gran flexibilidad creativa.

El cut-up se basa en la idea de que el lenguaje no es un medio neutro, sino que está cargado de significados y connotaciones preconcebidas.

Al descomponer y reconfigurar el lenguaje, el cut-up pretende liberar las palabras de sus asociaciones habituales, permitiendo que emerjan nuevas interpretaciones y conexiones inesperadas.

Según Burroughs, el cut-up no solo es una herramienta creativa, sino también un medio para "romper" el control que el lenguaje y la narrativa ejercen sobre la mente humana.

En cuanto a sus principios, el cut-up no se rige por reglas estrictas, lo que lo convierte en una técnica accesible para cualquier persona interesada en experimentar con la escritura.

Su objetivo es provocar una ruptura en la coherencia habitual del texto, introduciendo elementos de aleatoriedad y caos que pueden dar lugar a interpretaciones múltiples y, a menudo, sorprendentes.

Aunque la técnica puede parecer simple, su eficacia reside en la capacidad del escritor para identificar y reorganizar los fragmentos de manera que se mantenga una cohesión temática o emocional subyacente.

Herramientas y materiales necesarios

Para realizar un cut-up, los materiales y herramientas requeridos son mínimos, lo que ha contribuido a la popularidad de la técnica entre escritores y artistas visuales.

Las herramientas básicas incluyen:

1. *Textos fuente*: Cualquier tipo de material escrito puede servir como fuente para un cut-up. Esto puede incluir novelas, periódicos, revistas, poemas, cartas, o incluso textos de internet.

La elección del texto fuente depende del propósito creativo del autor y del tipo de texto que desea producir.

Por ejemplo, un autor podría elegir textos de un periódico para comentar sobre la actualidad política, o podría optar por fragmentos de poesía para explorar un tema emocional.

Sin embargo, por experiencia puedo decir que nunca sabes qué combinación vas a obtener. Con frecuencia, el texto resultante no se parece en nada al contenido de los textos fuente, y puede tener más que ver con tus búsquedas artísticas, con tus emociones y con tus aspiraciones alojadas en tu inconsciente y que no hubieran aflorado de otra manera.

2. *Tijeras o cúter*: Las tijeras son la herramienta tradicional para cortar el texto en fragmentos, aunque también se puede utilizar un cúter para mayor precisión.

La elección de la herramienta puede influir en la apariencia final del texto: cortes más precisos permiten un control mayor sobre la organización del texto, mientras que cortes irregulares pueden aumentar el sentido de caos y aleatoriedad.

3. *Pegamento o cinta adhesiva*: Estos materiales son útiles para reorganizar y fijar los fragmentos cortados en una nueva disposición sobre una superficie. Alternativamente, en la era digital se puede utilizar un procesador de texto o un programa de edición de imágenes para manipular los fragmentos de texto digitalmente.

En lo personal prefiero simplemente doblar las hojas. Esa modalidad, llamada más propiamente fold-in o técnica de doblado, me ahorra tijeras, pegamento y trabajo; y además puedo recuperar los textos fuente.

Es muy simple. Dobla dos hojas verticalmente por la mitad y enfréntalas pegándola una de la otra. Lee como si las dos hojas formaran una sola.

Lo he practicado y tú también puedes hacerlo hasta con una sola hoja. Dóblala verticalmente, a modo de acordeón, una dos tres o cuatro veces. Obtendrás varias columnas que puedes poner a "dialogar" unas con otras, alternativamente, para conseguir nuevos y sorprendentes párrafos o estrofas.

Esa modalidad se puede practicar con un libro encuadernado sin maltratarlo. Doblas una de sus hojas, verticalmente, primero hacia un lado para hacer cut-up con las dos hojas que quedan a ambos lados de la hoja doblada por la mitad. Al terminar, vuelves a doblar la misma hoja hacia el otro lado y repites el proceso.

4. *Superficie de trabajo*: Una superficie plana como una mesa o un escritorio es ideal para esparcir y reorganizar los fragmentos de texto antes de fijarlos en su lugar final. En el caso de un cut-up digital, esta superficie se reemplaza por la interfaz del software utilizado.

5. *Opcional*: Software de edición de texto o de imagen: Con el avance de la tecnología, muchos escritores han comenzado a realizar cut-ups utilizando herramientas digitales.

Programas informáticos como Adobe Photoshop o simples procesadores de texto permiten cortar, reorganizar y manipular fragmentos de texto de manera más eficiente, abriendo nuevas posibilidades para la experimentación con el cut-up.

Algunos programas incluso ofrecen funciones de aleatorización que pueden automatizar parte del proceso.

En un procesador de texto, solo tienes que abrir un documento nuevo en blanco; lo orientas en sentido horizontal; lo divides en columnas (yo acostumbro dividir hojas de 11 x 8.5 pulgadas en 6 columnas). Luego eliminas los márgenes, tanto los exteriores de la hoja como los márgenes entre las columnas. Luego llena cada columna con información correspondiente a una fuente distinta: seis columnas, seis fuentes.

Si los textos fuente tienen alguna extensión, tu hoja con columnas va a multiplicarse también en la medida en que pegues textos fuente.

Lo cierto es que el cut-up puede ser abordado tanto manual como digitalmente, dependiendo de las preferencias del autor y del resultado deseado.

Para mí es más una cuestión de velocidad y de ahorro de medios. Mientras que la versión manual del cut-up enfatiza el aspecto físico y táctil de la creación, el enfoque digital permite una manipulación más rápida y versátil de los textos.

3

Variantes de la técnica: Diversificación y creatividad

Técnicas relacionadas: Collage, montaje y pastiche

El cut-up, aunque único en su metodología, se encuentra íntimamente relacionado con otras técnicas artísticas y literarias que comparten la idea de reconfigurar elementos preexistentes para generar nuevos significados.

Entre las técnicas relacionadas destacan el collage, el montaje y el pastiche, cada una con su propia historia y enfoque.

Veamos brevemente estas técnicas.

1. *Collage*: El collage es una técnica artística que consiste en ensamblar diferentes elementos -fotografías, recortes de revistas, textos, y/u otros materiales- en una superficie para crear una nueva composición.

Originado en las artes visuales, particularmente en el movimiento cubista con artistas como Pablo Picasso y Georges Braque, el collage fue adaptado a la literatura por escritores que buscaban romper con las estructuras narrativas tradicionales.

En un sentido literario, el collage implica la superposición y yuxtaposición de diferentes fragmentos textuales para crear una obra que desafía la linealidad y la coherencia convencional.

2. *Montaje*: El montaje, al igual que el collage, se enfoca en la reconfiguración de elementos, pero su énfasis está en la secuencia temporal y la narración.

En el cine, por ejemplo, el montaje es el proceso de edición que organiza y conecta escenas para construir una narrativa coherente o, en algunos casos, deliberadamente inconexa.

En el contexto literario, el montaje puede ser utilizado para unir diferentes escenas, puntos de vista o fragmentos de narración en una secuencia que, aunque fragmentada, tiene un impacto narrativo fuerte.

Autores como James Joyce y Virginia Woolf utilizaron variantes de montaje para crear flujos de conciencia y narrativas no lineales.

3. *Pastiche*: El pastiche es una técnica literaria que imita el estilo de otra obra, autor o período, a menudo con un propósito humorístico o satírico, aunque también puede emplearse con respeto y admiración hacia el original.

En relación con el cut-up, el pastiche puede incorporar fragmentos de diferentes estilos o voces en una sola obra, creando una mezcla heterogénea que, al igual que el cut-up, desafía las nociones tradicionales de autoría y originalidad.

Adaptaciones y variaciones en el proceso

La técnica cut-up, debido a su naturaleza flexible, ha sido adaptada y variada de múltiples formas por diferentes autores y artistas.

Estas adaptaciones amplían las posibilidades creativas de la técnica, a la vez que permiten su aplicación en contextos y medios diversos.

1. *Cut-up digital*: Con el avance de las tecnologías digitales, muchos escritores

han adaptado el cut-up para ser realizado mediante software de edición de texto y programas de diseño gráfico.

Este enfoque -siempre que sea posible utilizarlo- permite una manipulación más rápida y precisa de los fragmentos textuales, ahorra tiempo y recursos y ofrece la posibilidad de introducir efectos visuales y tipográficos que no serían posibles con métodos tradicionales.

Programas como Adobe Photoshop o Final Cut Pro han sido utilizados para crear obras digitales que combinan elementos textuales y visuales en un solo formato.

Claro que estos programas informáticos no harán el trabajo creativo por ti. Ningún otro lo hará. Y únicamente llegarán hasta donde tú los dirijas... Pero pueden facilitar el trabajo.

2. *Cut-up multilingüe*: Una variación interesante del cut-up es la combinación de fragmentos de texto en diferentes idiomas, creando obras que reflejan la diversidad lingüística y cultural.

Este enfoque desafía al lector a encontrar conexiones entre fragmentos escritos en diferentes lenguas. También explora cómo el significado puede transformarse y enriquecerse a través de la interacción entre idiomas.

Un acercamiento, aunque todavía distante, al enfoque del cut-up multilingüe es el que se utiliza en novelas en las que los personajes se comunican en idiomas diferentes, como sucede en la novela 62 Modelo para armar (1968) de Julio Cortázar.

3. *Cut-up sonoro*: Inspirado por el principio de cortar y reorganizar, algunos artistas han llevado el cut-up al ámbito sonoro.

En la música y el arte sonoro se cortan fragmentos de audio y se reorganizan para crear nuevas composiciones. Pioneros de la música experimental, como John Cage y Steve Reich, han explorado técnicas de cut-up sonoro, generando obras que juegan con la aleatoriedad y la repetición.

Del mismo modo, en la radio experimental y el podcasting, el cut-up sonoro ha sido utilizado para crear paisajes auditivos que desafían las convenciones narrativas.

4. *Cut-up interactivo*: Con la evolución de la narrativa digital e interactiva, el cut-up ha sido incorporado en proyectos en los que el lector o espectador tiene un rol activo en la creación de la obra final.

En esas variaciones se proporciona al usuario una serie de fragmentos que pueden ser reorganizados o seleccionados conforme a sus preferencias, permitiendo una experiencia única y personalizada.

Este enfoque ha sido popular en algunos videojuegos experimentales y plataformas de narrativas interactivas.

El cut-up, por su misma esencia de ruptura y experimentación, sigue evolucionando y adaptándose a nuevos contextos y medios.

Su flexibilidad lo hace aplicable en la literatura, en las artes visuales, en la música, en el cine y más allá.

II

Aplicaciones en diferentes géneros literarios

4

Poesía fragmentaria: El cut-up en la lírica

El cut-up ha encontrado un hogar natural en la poesía, un género que ya de por sí tiende hacia la fragmentación, la condensación de significado y la experimentación formal.

Al ser una técnica que permite la creación de textos mediante la reconfiguración de palabras y frases existentes, el cut-up se convierte en una herramienta poderosa en manos de poetas que buscan desafiar las convenciones tradicionales de la lírica y explorar nuevas formas de expresión.

Ejemplos de poetas que han utilizado la técnica

1. *Brion Gysin:* Gysin aplicó la técnica del cut-up en su poesía. Trabajando junto a William Burroughs, experimentó con la recombinación de textos para crear poemas que reflejan la aleatoriedad y el caos de la mente moderna.

En obras como Le troisième esprit (The Third Mind) (La tercera mente) (1976), Gysin utiliza la técnica para subvertir las expectativas del lector, presentando versos que a menudo son desconcertantes y fragmentados, pero cargados de significado oculto.

2. *Tristan Tzara:* Uno de los pioneros del dadaísmo, Tristan Tzara es conocido

por su manifiesto que describe cómo crear un poema dadaísta cortando palabras de un periódico y reorganizándolas al azar.

Aunque esta técnica no es exactamente el cut-up tal como lo aplicó Burroughs, su espíritu es el mismo: un rechazo a la lógica y la razón en favor de la espontaneidad y el azar.

Este enfoque permitió a Tristan Tzara crear poesía que desafiaba las nociones tradicionales de autoría y significado, y que sentó las bases para futuros experimentos con la fragmentación textual.

3. *Jirí Kolář*: Poeta y artista checoslovaco, Kolář fue un importante exponente del collage en poesía. Su obra combina fragmentos de texto y visuales en composiciones que desafían la linealidad y la coherencia narrativa.

Kolář utilizó la técnica del cut-up para reflejar la fragmentación de la vida moderna y las múltiples capas de significado que existen en cualquier obra de arte. Sus poemas, a menudo acompañados de imágenes, crean una experiencia visual y textual única.

4. *David Bowie*: Aunque principalmente conocido como músico, Bowie aplicó el cut-up en la composición de sus letras.

Inspirado por Burroughs, utilizó la técnica para crear letras que a menudo eran crípticas y abiertas a múltiples interpretaciones.

En álbumes como Diamond Dogs y Outside, Bowie cortó y reorganizó fragmentos de texto para crear letras que desafiaban la narrativa lineal, reflejando el caos y la desorientación de la vida moderna.

5. *Fernando Merlo*: En su libro de poesías Trepanación, publicado en el año 1973, el poeta español Fernando Merlo utilizó la técnica cut-up "con plena conciencia creadora" -a decir de Fernando Guzmán-Simón en su artículo "La 'generación beat' en la España…"-, "incorporando a su propio discurso otros intertextos en relación de copresencia".

6. *Diego Maquieira Astaburuaga*: Este poeta chileno, iconoclasta como los antes mencionados, llevó la experimentación formal -que viene practicando hace

muchos años– al extremo en su obra poética del año 2023, Gramercy Park.

Análisis de poemas construidos con cut-up

El análisis de poemas construidos mediante la técnica del cut-up revela cómo la fragmentación y la recombinación pueden generar nuevos significados y emociones, a menudo de manera impredecible.

1. *Minutes to Go* de Beiles, Burroughs, Corso y Gysin: Este libro es un ejemplo clásico de cómo el cut-up puede producir resultados sorprendentes.

Las palabras, cortadas y reorganizadas, crean una experiencia lectora que desafía la interpretación directa. Los poemas del libro juegan con la idea de la temporalidad y la inmediatez, sugiriendo que cada momento es una recombinación de elementos del pasado, presente y futuro.

La fragmentación de los textos refleja la fragmentación de la experiencia humana en la era moderna.

2. "Pour faire un poème dadaïste" de Tristan Tzara: Este poema, que es más una receta para crear un poema dadaísta que un poema en sí, ejemplifica la subversión radical del sentido y la estructura.

Al seguir las instrucciones de Tristan Tzara, el lector/creador se convierte en coautor del poema, que no tiene un significado fijo sino que depende del azar y la subjetividad.

Este enfoque anticipa la idea del lector activo y la muerte del autor, conceptos que serían centrales en la teoría literaria del siglo XX.

5

Narrativa descompuesta: El cut-up en la ficción

El cut-up, originalmente desarrollado por William S. Burroughs y Brion Gysin, ha tenido un impacto profundo en la narrativa de ficción, permitiendo a los escritores desafiar las formas tradicionales de contar historias.

La técnica ha sido utilizada para descomponer y recombinar textos, generando narrativas fragmentadas que pueden reflejar la complejidad, el caos y la no linealidad de la experiencia humana.

Aplicación en relatos cortos y novelas

El cut-up en la narrativa de ficción no es simplemente una técnica para desordenar el texto; es una forma de reimaginar la estructura misma de la narrativa.

En lugar de seguir una secuencia lineal de eventos, la técnica permite que las historias se desarrollen de manera no lineal, a menudo en capas y fragmentos, lo que puede resultar en una experiencia lectora más activa y compleja.

- Relatos cortos:

En los relatos cortos, el cut-up puede ser especialmente efectivo debido a la brevedad del formato.

La técnica permite que los autores creen una densidad de significado en un espacio limitado, jugando con las expectativas del lector y desafiando la estructura narrativa convencional.

Al reorganizar las palabras, frases o párrafos, el autor puede introducir un sentido de sorpresa o desconcierto, llevando al lector a reconsiderar las conexiones entre diferentes partes del texto.

A propósito del cuento, quiero agregar que todo escritor que se atreve con el cut-up anda buscando la intensidad, de manera consciente o inconsciente. La intensidad de la palabra.

Por eso se dijo más arriba que el cut-up es una técnica idónea para la escritura de poesía. Y por esa misma razón es muy apropiada para escribir cuentos.

Pues la búsqueda de esas frases y oraciones sueltas que, al encadenarse, van adquiriendo alguna forma o algún sentido, requiere a la vez de un trabajo meticuloso y exhaustivo de parte del creador.

De manera que si se escribe un cuento, a diferencia de una novela y por tratarse de un trabajo más corto, la gratificación del trabajo terminado tomará menos tiempo en llegar.

- Novelas:

En las novelas, el cut-up puede ser utilizado a mayor escala para fragmentar la narrativa en su totalidad. Esto puede resultar en una estructura que refleja la naturaleza caótica y a menudo desconcertante de la vida moderna.

Las novelas que utilizan el cut-up a menudo carecen de un arco narrativo claro, en lugar de ofrecer múltiples perspectivas y temporalidades que se entrelazan de manera inesperada.

Este enfoque permite una exploración más profunda de temas como la identidad, la memoria y la percepción.

Estudios de caso: Ejemplos de escritores de ficción

1. **William S. Burroughs** - *La Trilogía Nova*: Uno de los ejemplos más notables de la aplicación del cut-up en la ficción es la Trilogía Nova de William S. Burroughs, compuesta por La máquina blanda (The Soft Machine), El tique que explotó (The Ticket That Exploded) y Expreso Nova (Nova Express).

En esas novelas, Burroughs utiliza el cut-up para descomponer el lenguaje y la narrativa, creando textos que son deliberadamente fragmentarios y dislocados.

La técnica le permite explorar temas como el control, la adicción y la manipulación de la realidad, ofreciendo una visión distópica y a menudo perturbadora del futuro.

2. **Kathy Acker** - *Blood and Guts in High School*: Kathy Acker fue otra autora que adoptó el cut-up en su obra.

En Blood and Guts in High School (Sangre y tripas en la escuela secundaria), Acker utiliza la técnica para deconstruir el texto y explorar temas de género, poder y sexualidad.

La narrativa es fragmentaria y no lineal, con inserciones de dibujos, listas y citas que interrumpen el flujo de la historia.

Además de desafiar las convenciones literarias, el cut-up en la obra de Acker sirve también como una crítica del patriarcado y las estructuras de poder tradicionales.

3. **Bryan Stanley Johnson** - *The Unfortunates*: Aunque no es un cut-up en el sentido estricto, The Unfortunates (Los desafortunados), de Johnson, es una novela experimental que comparte el espíritu del cut-up.

El libro consiste en 27 secciones impresas en folletos sueltos que el lector puede ordenar de manera aleatoria, excepto la primera y la última secciones, que están claramente marcadas.

(Este género literario utilizado por Johnson, que permite una experiencia lectora única, ha sido adjetivado como ergódico porque el lector participa activamente en la construcción de la narrativa, desafiando la idea de una historia fija y lineal, al estilo de Rayuela de Julio Cortázar.)

4. **Roberto Bolaño** - *El espíritu de la ciencia-ficción* (y otros trabajos de Bolaño): La editora Valerie Miles, conocedora de la obra del escritor chileno Roberto Bolaño y co-curadora, en el año 2013, de la exposición "Archivo Bolaño. 1977 – 2003", ha resaltado el uso de la técnica cut-up por parte de este escritor. (Al respecto también "La alegría de las influencias…" de J. J. Fernández Díaz.)

5. **Ignácio de Loyola Brandão** - *Zero*: Dantas de Oliveira ha visto una relación directa entre la novela Zero (Cero) del autor brasileño Ignácio de Loyola Brandão "y la técnica literaria libertaria y experimental desarrollada por Burroughs y Gysin, tratando de ver Zero como una especie de novela de cut-up".

6. **Kathy Acker** - *Empire of the Senseless*: Kathy Acker, conocida por su trabajo en la ficción, emplea el cut-up en sus ensayos y trabajos de no ficción para desafiar las estructuras de poder y el lenguaje patriarcal.

En la novela Imperio de los sinsentidos -traducida también como Imperio de los insensatos- (Empire of the Senseless), Acker, en su estilo acostumbrado, emplea la técnica de cut-up para crear un texto híbrido que desafía las categorizaciones tradicionales de género literario.

Su trabajo cuestiona las narrativas dominantes y propone nuevas formas de pensar a través de la fragmentación del lenguaje.

6

Ensayo y no ficción: Rompiendo las convenciones

El cut-up, conocido principalmente por su aplicación en la literatura de ficción y la poesía, también ha encontrado un lugar en la escritura de ensayos y de no ficción.

Esta técnica, que descompone y reconfigura fragmentos de texto, ha sido utilizada para desafiar y romper las convenciones tradicionales del ensayo, permitiendo a los escritores explorar ideas y temas desde perspectivas radicalmente nuevas.

Uso del cut-up en la escritura ensayística

El ensayo, como género literario, tradicionalmente sigue un enfoque lógico y lineal para presentar argumentos y explorar ideas.

Sin embargo, con la introducción del cut-up, esta forma se ha visto transformada, permitiendo que la estructura misma del ensayo se convierta en parte del mensaje.

- *Desarticulación de la lógica lineal:*

Al utilizar el cut-up, los ensayistas pueden romper con la linealidad y la lógica secuencial, ofreciendo en su lugar un collage de ideas y pensamientos que reflejan la naturaleza fragmentaria del conocimiento y la experiencia humana.

Esto permite que el lector participe activamente en la construcción del significado, en lugar de recibirlo de manera pasiva.

- Diálogos y polifonía:

La técnica del cut-up permite la creación de diálogos entre diferentes voces y perspectivas dentro de un mismo texto.

Al incorporar fragmentos de diversas fuentes, los ensayistas pueden establecer una conversación entre ideas dispares, lo que enriquece el contenido y lo dota de una mayor profundidad y complejidad.

- Experimentación con el lenguaje:

En la escritura ensayística, el cut-up permite una mayor libertad para experimentar con el lenguaje, creando combinaciones inesperadas de palabras y frases que pueden ofrecer nuevas interpretaciones y abrir caminos hacia nuevas ideas.

Exploración de casos y obras destacadas

1. **William S. Burroughs** - *The Electronic Revolution*:

Aunque Burroughs es más conocido por su obra de ficción, su ensayo La revolución electrónica (The Electronic Revolution) es un ejemplo notable del uso del cut-up en la no ficción.

En ese texto, Burroughs explora la idea de que el lenguaje es un virus que puede ser manipulado para controlar el pensamiento.

Utilizando la técnica del cut-up, el ensayo mismo se convierte en un experimento que ilustra cómo la manipulación del lenguaje puede influir en la mente y la percepción.

2. **Hakim Bey** - *T.A.Z.: The Temporary Autonomous Zone*:

El ensayo T.A.Z.: The Temporary Autonomous Zone (Zona temporalmente autónoma) de Hakim Bey es otro ejemplo de cómo el cut-up puede ser utilizado en la no ficción.

En Zona temporalmente autónoma, Bey emplea la técnica cut-up para crear un texto que es tanto un manifiesto como un ensayo filosófico, donde las ideas de anarquismo, libertad y creatividad se presentan en una forma fragmentada y no lineal, desafiando las convenciones ensayísticas tradicionales y proponiendo una nueva forma de interacción con el texto.

3. **Gregory Bateson** - *Steps to an Ecology of Mind*:

Gregory Bateson, en su colección de ensayos Steps to an Ecology of Mind (Pasos hacia una ecología de la mente), aunque no utiliza el cut-up de manera explícita, adopta un enfoque similar al mezclar diferentes disciplinas y fragmentos de conocimiento para explorar la ecología de la mente.

El enfoque fragmentario y multidisciplinario de Bateson se alinea con los principios del cut-up al desafiar las fronteras tradicionales entre disciplinas y formas de conocimiento.

4. **David Shields** - *Reality Hunger: A Manifesto*:

En Reality Hunger: A Manifesto (Hambre de realidad: un manifiesto), Shields emplea una forma de cut-up al mezclar fragmentos de textos de otros autores con sus propias ideas, sin distinciones claras entre lo propio y lo ajeno.

Este método rompe con las convenciones de la autoría. Presenta un ensayo que es, en sí mismo, un collage de ideas, con lo que cuestiona las nociones de originalidad y autenticidad en la escritura.

III

Casos y análisis

7

William S. Burroughs: El pionero del cut-up

Vida y obra de Burroughs

William Seward Burroughs II (1914-1997) fue un escritor y artista estadounidense, una de las figuras más influyentes de la Generación Beat y un pionero en el uso de la técnica cut-up en la literatura.

Burroughs nació en San Luis, Misuri, en una familia de clase alta. Estudió en la Universidad de Harvard, donde comenzó a desarrollar su interés por la escritura, aunque su vida temprana estuvo marcada por la experimentación con drogas y la transgresión de normas sociales.

Burroughs es más conocido por su novela Naked Lunch, una obra que marcó un antes y un después en la literatura por su estilo fragmentario, su contenido explícito y su exploración de los límites de la narrativa tradicional.

La novela fue objeto de varios procesos judiciales por obscenidad, pero finalmente se convirtió en un ícono de la contracultura.

A finales de la década de 1950, Burroughs comenzó a experimentar con la técnica del cut-up, que consiste en cortar y reorganizar fragmentos de texto para crear nuevas composiciones literarias.

Esa técnica fue desarrollada inicialmente por el artista Brion Gysin, pero

Burroughs la adoptó y la aplicó extensamente en su obra.

El cut-up se convirtió en una herramienta clave para Burroughs, permitiéndole desarticular las estructuras narrativas convencionales y reflejar la fragmentación de la realidad en la era moderna.

Análisis de su uso del cut-up en textos clave

El cut-up en la obra de Burroughs se utilizó como un medio para subvertir el control que el lenguaje ejerce sobre el pensamiento y la percepción.

Burroughs veía el lenguaje como un virus que restringía la libertad del individuo y, a través del cut-up, buscaba desinfectar y liberar el lenguaje de su poder opresivo.

- *The Soft Machine*: Es la primera novela de la Trilogía Nova, donde Burroughs utiliza el cut-up de manera prominente.

En este texto se cortan y reorganizan fragmentos de otros escritos de Burroughs y de fuentes diversas para crear una narrativa no lineal. El resultado es una experiencia de lectura que refleja el caos de la mente y la realidad fracturada del mundo moderno.

- *The Ticket That Exploded*: En la segunda parte de la trilogía, Burroughs lleva el uso del cut-up aún más lejos, creando lo que él mismo describió como "textos virus".

Aquí, la narrativa se rompe y se recompone en un intento de representar cómo los medios de comunicación y el lenguaje pueden manipular y controlar a las masas.

- *Nova Express*: La tercera y última parte de la Trilogía Nova es quizás el ejemplo más refinado del uso del cut-up en la obra de Burroughs.

En este texto, Burroughs utiliza el cut-up no solo como una técnica estilística, sino como una herramienta de resistencia contra las narrativas dominantes que, según él, imponían estructuras de poder sobre los individuos.

Aunque descubierta por Gysin, la técnica del cut-up, al ser utilizada por Burroughs de manera intensiva en una trilogía de novelas incendiarias, ha tenido un impacto duradero en la literatura, el arte y la música.

Fue una de las primeras técnicas que desafió la linealidad de la narrativa convencional, influyendo en generaciones de escritores y artistas.

El uso de la técnica se extendió también a otras disciplinas. Músicos como David Bowie y bandas como Radiohead han reconocido su influencia en sus procesos creativos.

En la literatura, el cut-up abrió nuevas posibilidades para la experimentación y la creación de textos que desafían la lógica y la coherencia tradicional, permitiendo a los escritores explorar nuevas formas de expresión y representación.

8

Brion Gysin: Innovador y colaborador

Colaboraciones con Burroughs

B rion Gysin (1916-1986) fue un artista, poeta y escritor británico-canadiense, conocido por su papel fundamental en el desarrollo de la técnica del cut-up, así como por su colaboración con William S. Burroughs.

Aunque Gysin no es tan conocido como Burroughs, su influencia en la obra del escritor estadounidense fue significativa, especialmente en la adopción y perfeccionamiento del cut-up.

Gysin descubrió el cut-up por accidente en 1959 mientras cortaba una hoja de periódico para usarla como una máscara de protección para una pintura.

Al ver las palabras reorganizadas de manera aleatoria, quedó fascinado por las nuevas combinaciones de significados que surgían. Inmediatamente compartió esta técnica con Burroughs, quien la adoptó y la convirtió en una parte central de su obra literaria.

La colaboración entre Gysin y Burroughs fue más allá del simple intercambio de ideas. Juntos, realizaron numerosos experimentos con el cut-up, aplicándolo en la escritura, en grabaciones de audio y en performances.

Una de sus colaboraciones más notables fue el libro *The Third Mind*, en el que exploraron cómo el proceso de cortar y reorganizar fragmentos de texto podía dar lugar a nuevas formas de pensamiento y creatividad.

La dreamachine

Gysin también desempeñó un papel clave en la creación de la "dreamachine", un dispositivo destinado a inducir experiencias visuales en el espectador.

La dreamachine, creada por Ian Sommerville y Gysin, se basaba en principios de percepción y funcionaba al emitir pulsos de luz a una frecuencia específica, luz que, al ser percibida con los ojos cerrados, provocaba visiones en el cerebro.

Aunque la dreamachine no estaba directamente relacionada con el cut-up, reflejaba la misma preocupación por expandir la conciencia y explorar nuevos territorios de la mente.

Otros proyectos y experimentos con cut-up

Además de sus colaboraciones con Burroughs, Gysin desarrolló una amplia gama de proyectos y experimentos utilizando la técnica del cut-up. Estos incluyeron desde poesía visual hasta grabaciones de audio, donde exploró la capacidad del cut-up para descomponer y reconstruir significados en diferentes medios.

- *Poesía visual*:
Gysin aplicó el cut-up a la poesía visual. Creó obras que combinaban palabras y frases reorganizadas de manera aleatoria con imágenes y símbolos.

Su poesía visual fue innovadora en su tiempo, ya que desafiaba las convenciones tanto del lenguaje escrito como del arte visual.

En estas obras, las palabras eran tratadas como elementos visuales a la vez que literarios, y su disposición en la página contribuía tanto con el significado como con la estética.- Grabaciones de audio: Gysin también experimentó con el cut-up en el ámbito del audio.

Al igual que con el texto escrito, cortaba y reorganizaba grabaciones de audio para crear nuevas composiciones sonoras.

Estos experimentos incluían la grabación de fragmentos de discursos, música y sonidos ambientales, que luego mezclaba y superponía para crear paisajes sonoros abstractos. Estas grabaciones reflejaban su interés por la dislocación y la recombinación del sonido, similar a su enfoque en la dislocación del lenguaje.

- Collages y pintura:

Además de su trabajo literario y sonoro, Gysin aplicó los principios del cut-up a sus collages y pinturas.

Estas obras visuales combinaban elementos diversos, a menudo dispares, que Gysin cortaba y reorganizaba en nuevas configuraciones.

A través de estos collages, Gysin exploró la idea de que el significado podría surgir de la combinación aleatoria de elementos, un concepto que también aplicaba a sus experimentos con el lenguaje.

A pesar de que Gysin no alcanzó la misma fama que Burroughs, su influencia y su legado en la cultura contemporánea han sido significativos.

Artistas, escritores y músicos han seguido explorando las posibilidades creativas del cut-up, inspirados en gran parte por las innovaciones de Gysin.

Su enfoque interdisciplinario y su voluntad de experimentar con los límites del arte y la literatura continúan siendo una fuente de inspiración para quienes buscan romper con las convenciones y explorar nuevas formas de expresión.

9

Cut-up en el siglo XXI: Nuevas voces, nuevas formas

La técnica de cut-up, popularizada en la segunda mitad del siglo XX, ha encontrado una revitalización en el siglo XXI a través de nuevas voces literarias y formas experimentales.

Esta sección explora cómo los escritores contemporáneos han adoptado y adaptado esta técnica, y cómo su impacto continúa resonando en la literatura actual.

Escritores contemporáneos y sus obras

El cut-up ha dejado su huella en la obra de varios autores contemporáneos, quienes han encontrado en esta técnica una herramienta poderosa para subvertir narrativas tradicionales y explorar nuevas formas de expresión.

Tom McCarthy, autor británico conocido por sus novelas experimentales, ha incorporado el cut-up en su obra **C**.

Aunque no es un ejemplo puro de cut-up, McCarthy utiliza fragmentación y reorganización narrativa que remite a esta técnica. Su estilo recuerda a

35

los métodos disruptivos que William S. Burroughs popularizó, destacando la naturaleza no lineal y fragmentaria de la experiencia humana.

Otro ejemplo significativo es el trabajo de Mark Z. Danielewski, particularmente en su novela *Only Revolutions* (*Solo revoluciones*).

Esta obra se caracteriza por su narrativa no convencional y el uso de tipografía experimental, con una estructura que evoca la naturaleza desordenada del cut-up.

Danielewski rompe con las convenciones de la novela tradicional y propone una experiencia de lectura en la que el lector debe navegar activamente a través de un texto caótico y fragmentado.

En el ámbito de la poesía, Vanessa Place ha utilizado el cut-up en su colección *Tragodia*, en la que reconfigura textos legales y judiciales para ofrecer una crítica social a través de la descontextualización y la recontextualización de estos documentos.

La obra de Place desafía la autoría y la originalidad, temas centrales en la práctica del cut-up.

Por último, Kenneth Goldsmith, un defensor del conceptualismo en la literatura, ha utilizado técnicas cercanas al cut-up en su obra *Seven American Deaths and Disasters* (*Siete muertes y desastres estadounidenses*).

Goldsmith transcribe grabaciones de eventos históricos, grabaciones que presenta sin modificar, lo que permite que el contenido se reorganice a través de la percepción del lector, lo cual se aproxima al espíritu del cut-up.

El impacto del cut-up en la literatura actual

El impacto del cut-up en la literatura del siglo XXI es notable, no solo en términos de técnicas narrativas, sino también en cómo ha influenciado la concepción de la autoría y la creación literaria.

Uno de los efectos más evidentes del cut-up en la literatura contemporánea es la expansión del concepto de narrativa. Los autores ya no se sienten restringidos por estructuras lineales o cronológicas, y la fragmentación se ha convertido en una herramienta estilística ampliamente aceptada. Esto es visible en la proliferación de novelas fragmentadas, que invitan a los lectores a construir activamente el significado de la historia a partir de piezas dispares.

Además, el cut-up ha alimentado una discusión más amplia sobre la autoría. En un mundo donde el reciclaje y la remezcla de contenidos son prácticas comunes, el cut-up plantea preguntas sobre qué significa ser un autor.

La apropiación y la recontextualización de textos han abierto el camino para que los escritores exploren nuevas formas de expresión que desafían las nociones tradicionales de originalidad.

El impacto del cut-up también se puede ver en la popularidad de las técnicas experimentales en la poesía digital y en los nuevos medios.

El auge de la literatura generada por inteligencia artificial, que a menudo se basa en algoritmos que reorganizan y combinan textos preexistentes, tiene una deuda significativa con las técnicas pioneras de cut-up.

Finalmente, el cut-up ha influido en la literatura actual al inspirar a escritores a desafiar las convenciones sociales y políticas a través de sus obras.

Al fragmentar y reconfigurar textos, los autores contemporáneos han podido destacar la naturaleza fragmentaria y a menudo absurda de la vida moderna, ofreciendo una crítica implícita a las narrativas dominantes.

Este análisis destaca cómo el cut-up ha encontrado nuevas formas de expresión en la literatura del siglo XXI, mostrando su relevancia continua y su capacidad para adaptarse a las nuevas voces y tecnologías.

IV

Práctica y experimentación

10

Cómo crear tu propio cut-up: Guía práctica para escritores

La técnica del cut-up, que consiste en cortar y reorganizar fragmentos de texto para crear nuevas combinaciones y significados, es una herramienta poderosa para escritores que buscan romper con las narrativas convencionales y explorar nuevas formas de expresión.

En esta sección se presenta una guía práctica para que cualquier escritor pueda experimentar con el cut-up y crear sus propios textos.

Paso a paso para crear textos utilizando la técnica

1. *Selección del material*:

Elige el texto o los textos que deseas utilizar. Pueden ser fragmentos de libros, periódicos, revistas, poemas, correos electrónicos u otras fuentes escritas.

La diversidad del material enriquece el resultado al combinar diferentes estilos, tonos y contenidos.

2. *Corte del texto*:

Corta en fragmentos el texto seleccionado. Estos fragmentos pueden variar en tamaño, desde palabras individuales hasta frases completas o párrafos.

Elige al azar el tamaño de los fragmentos o sigue un patrón específico, como cortar cada tercera palabra o cada segunda línea.

3. *Reorganización*:

Una vez que tengas los fragmentos, barájalos y reorganízalos. Puedes disponerlos al azar o experimentar con patrones de organización.

La clave aquí es la aleatoriedad, pero también puedes aplicar un enfoque más dirigido si estás buscando un efecto específico.

4. *Montaje del texto*:

Combina los fragmentos reorganizándolos en un nuevo texto.

Este paso puede implicar la unión de fragmentos que parezca que forman una secuencia coherente, o la superposición deliberada de fragmentos dispares para crear tensión y disonancia.

5. *Revisión y refinamiento*:

Lee el texto resultante y ajusta según sea necesario. Aunque el cut-up valora la espontaneidad, no hay nada que impida que el escritor refine el resultado para lograr el impacto que desea.

Puedes reordenar fragmentos adicionales, añadir nuevos elementos o incluso integrar el texto en un contexto más amplio.

6. *Finalización*:

Una vez satisfecho con la composición, el texto está listo para ser considerado final. Este paso puede incluir una revisión ortográfica y gramatical, pero también es importante conservar los elementos de aleatoriedad que son característicos del cut-up.

Ejercicios prácticos y sugerencias

Ejercicio 1:

Cut-up básico

Toma un artículo de periódico o una página de un libro. Corta el texto en fragmentos de una o dos frases y reorganízalos en una hoja de papel o en un documento digital.

Intenta crear una nueva narrativa a partir de los fragmentos reorganizados.

Ejercicio 2:

Cut-up multifuente

Elige tres textos de diferentes géneros (por ejemplo, un poema, un artículo de noticias y un manual de instrucciones).

Corta cada uno en fragmentos y combínalos para crear un texto único que incorpore elementos de cada fuente.

Ejercicio 3:

Cut-up digital

Utiliza una herramienta digital, como un generador de cut-up en línea, para cortar y reorganizar automáticamente un texto.

Experimenta con diferentes configuraciones y patrones de corte. Esto puede ser particularmente útil para ver cómo un algoritmo puede interpretar y aplicar la técnica.

Ejercicio 4:

Cut-up temático

Elige un tema o concepto y recopila fragmentos de texto relacionados con ese tema.

Corta y reorganiza los fragmentos para crear una pieza que explore el tema desde ángulos inesperados o contradictorios.

Ejercicio 5:

Cut-up de conversaciones

Graba una conversación (o usa transcripciones de charlas) y corta las frases en fragmentos. Reorganiza estos fragmentos para crear un diálogo ficticio o una narrativa poética.

Este ejercicio es útil para trabajar con el ritmo y la musicalidad del lenguaje hablado.

Sugerencias adicionales

Explora diferentes materiales:

No te limites a textos escritos. Prueba a usar letras de canciones, diálogos de películas, publicidad o incluso tus propias notas.

Juega con la tipografía:

Cambia la fuente, el tamaño o la disposición visual del texto para añadir una capa adicional de significado a tu cut-up.

Colabora con otros:

Comparte fragmentos de texto con otros escritores y combina sus cut-ups con los tuyos. La colaboración puede llevar a resultados inesperados e innovadores.

Incorpora el azar:

Usa dados, cartas o cualquier herramienta que te permita introducir elementos de azar en el proceso de creación.

Espero que este capítulo te haya proporcionado una guía completa para que, independientemente de tu experiencia, puedas adentrarte en la creación de textos utilizando la técnica del cut-up.

11

Integración del cut-up en proyectos literarios

El cut-up, como técnica de fragmentación y reordenamiento textual, no solo se limita a experimentos breves o poesía. También puede ser una poderosa herramienta en proyectos literarios de mayor envergadura.

Este capítulo explora cómo incorporar el cut-up en obras más extensas y cómo crear textos híbridos y multigénero que aprovechen al máximo esta técnica.

Cómo incorporar el cut-up en proyectos más grandes

Incorporar el cut-up en proyectos literarios más largos, como novelas, ensayos o colecciones de cuentos, requiere una planificación cuidadosa y una mente abierta a la experimentación.

A continuación se describen algunos enfoques para integrar esta técnica en proyectos literarios extensos:

1. *Estructura fragmentaria:*

En lugar de usar el cut-up solo en la creación de fragmentos pequeños, considera estructurar toda la obra de manera fragmentaria.

Cada capítulo o sección puede ser un cut-up, lo que da como resultado una narrativa no lineal que refleja la complejidad de la experiencia humana.

Esto puede ser particularmente efectivo en novelas experimentales o ensayos que buscan desafiar las narrativas tradicionales.

2. *Capítulos o secciones independientes*:

Otra forma de integrar el cut-up en una obra más grande es usar la técnica en capítulos o secciones específicas, mientras que el resto del texto sigue una narrativa más convencional.

Esto crea un contraste que puede destacar momentos clave o explorar temas desde perspectivas inusuales. Por ejemplo, un capítulo de cut-up podría usarse para representar un estado mental caótico o para ofrecer una visión alternativa de los eventos de la historia.

3. *Cut-up como método de revisión*:

Además de ser una herramienta creativa, el cut-up puede utilizarse como parte del proceso de revisión.

Los escritores pueden tomar pasajes completos de su obra y reordenarlos para ver si nuevas combinaciones generan ideas o temas que no habían considerado inicialmente.

Este enfoque puede desbloquear nuevas posibilidades narrativas y dar lugar a descubrimientos inesperados en el proceso de escritura.

4. *Colaboración y remezcla*:

En proyectos de coautoría, el cut-up puede servir como un método de colaboración.

Los coautores pueden escribir fragmentos independientes que luego son cortados y mezclados entre sí para crear una narrativa que refleja la fusión de diferentes voces y estilos.

Esta técnica también es útil para obras que buscan captar la multiplicidad de perspectivas o la fragmentación de la identidad en la era moderna.

Ejemplos de obras híbridas y multigénero

El cut-up ha sido utilizado en una variedad de proyectos literarios híbridos y multigénero en los que se combinan diferentes formas de escritura, estilos y medios.

A continuación se presentan algunos ejemplos destacados:

1. *House of Leaves* (*La casa de hojas*) de Mark Z. Danielewski (2000):

Esta novela es un ejemplo paradigmático de un proyecto literario híbrido donde el cut-up, aunque no se usa de manera tradicional, está presente en la estructura fragmentada y en la disposición no convencional del texto.

La obra mezcla narrativa, comentarios académicos ficticios y elementos visuales para crear una experiencia de lectura envolvente y desconcertante.

Danielewski juega con la tipografía y la disposición del texto para desorientar al lector. Ese enfoque tiene mucho en común con el espíritu del cut-up.

2. *The Collected Works of Billy the Kid* (*Obras completas de Billy el Niño: poemas para zurdos*) de Michael Ondaatje (1970):

Ondaatje combina poesía, prosa, fotografías y recortes de prensa para crear un retrato multifacético del legendario forajido Billy the Kid.

La obra, que se presenta como una biografía, utiliza técnicas de cut-up para entrelazar diferentes géneros y medios, lo que resulta en una narrativa que es tanto histórica como imaginativa.

3. *Ulysses* (*Ulises*) de James Joyce (1922):

Aunque escrito antes de que el cut-up fuera formalizado como técnica, Ulysses presenta una estructura fragmentaria y un enfoque de flujo de conciencia que influenció a generaciones de escritores experimentales.

La obra puede verse como una precursora de proyectos literarios multigénero que integran técnicas de cut-up, particularmente en capítulos como "Circe", el cual es una mezcla de drama, prosa y poesía.

4. *Wide Sargasso Sea* (*Ancho mar de los Sargazos*) de Jean Rhys (1966):

Esta novela reinterpreta la historia de Jane Eyre a través de la perspectiva de Bertha Mason.

Rhys utiliza fragmentos de texto, diálogos dislocados y saltos temporales para deconstruir la narrativa lineal de la novela victoriana original, lo que permite una lectura que refleja el estado mental fragmentado de su protagonista.

Aunque no es un cut-up en sentido estricto, la técnica está implícita en la estructura y enfoque de la obra.

La integración del cut-up en proyectos literarios más extensos permite a los escritores explorar nuevas formas narrativas y desdibujar las líneas entre géneros.

Esta práctica no solo enriquece la literatura contemporánea, sino que también desafía y expande los límites de lo que puede ser una obra literaria.

12

Conclusión - El futuro del cut-up: Evolución y posibilidades

El cut-up, desde sus inicios como una técnica revolucionaria para romper las barreras de la narrativa lineal, ha dejado una marca indeleble en la literatura y el arte.

Esta conclusión reflexiona sobre su impacto duradero y explora cómo la técnica podría evolucionar en el futuro, ofreciendo posibilidades emocionantes para la creación literaria.

Reflexión sobre el impacto duradero del cut-up

El cut-up, popularizado por escritores como William S. Burroughs y Brion Gysin, ha transformado profundamente la manera en que concebimos y construimos textos literarios.

Su capacidad para desmantelar y reconfigurar el lenguaje abrió nuevas avenidas en la narrativa, a la vez que cuestionaba la autoridad del autor y la idea de un texto definitivo.

La técnica del cut-up se ha convertido en una herramienta esencial en la literatura experimental. Se utiliza para desafiar las convenciones y explorar lo inexplorado.

El cut-up democratiza el proceso creativo: lo hace más accesible; y al mismo tiempo permite que voces e ideas dispares -en apariencia- se entrelacen en formas inesperadas.

La técnica ha dejado su huella en múltiples géneros, desde la poesía hasta la novela, el ensayo, el cuento y más allá, demostrando su flexibilidad y adaptabilidad.

El impacto del cut-up también se extiende a otras disciplinas artísticas, como la música, el cine y las artes visuales.

Bandas como David Bowie y Radiohead han utilizado la técnica para componer letras de canciones, mientras que cineastas como David Lynch han experimentado con estructuras narrativas no lineales inspiradas en el cut-up.

Eso evidencia que el cut-up no es solo un método literario, sino una filosofía artística que continúa influyendo en creadores de diversos géneros culturales.

Predicciones sobre el futuro de la técnica en la literatura

Mirando hacia el futuro, el cut-up tiene el potencial de evolucionar y adaptarse a los cambios tecnológicos y culturales que continúan moldeando el mundo de la literatura.

A medida que las fronteras entre los medios y los géneros se vuelven más permeables, el cut-up podría desempeñar un papel clave en la creación de nuevas formas híbridas de narración. Me explico:

1. *Cut-up y tecnología digital*:

Con el auge de las tecnologías digitales, el cut-up podría integrarse en plataformas de escritura automatizada y de inteligencia artificial, permitiendo a los autores generar texto de manera algorítmica. Los programas de software podrían ser diseñados para realizar cortes y reconfiguraciones textuales, ampliando el alcance y las posibilidades del cut-up más allá de lo que es posible manualmente.

De esta manera, los escritores podrían colaborar con máquinas para crear obras literarias que fusionen creatividad humana y computacional.

2. *Narrativas interactivas y transmedia:*

El futuro de la literatura podría ver un aumento en las narrativas transmedia, donde el cut-up juega un papel central.

En ese contexto, los lectores podrían participar en la creación del texto, cortando y reordenando fragmentos para construir su propia versión de la historia.

Plataformas digitales interactivas permitirían que los textos se presenten en formatos multimediales, incorporando elementos visuales, sonoros y de realidad aumentada que se integran con el cut-up literario.

3. *Cut-up y la literatura global:*

En un mundo cada vez más globalizado, el cut-up podría facilitar la creación de textos que crucen fronteras culturales y lingüísticas.

Al combinar fragmentos de diferentes idiomas y tradiciones literarias, los escritores pueden construir narrativas que reflejen la diversidad y la complejidad del mundo moderno.

Esto no solo enriquecería la literatura contemporánea, sino que también podría fomentar un mayor entendimiento y diálogo entre culturas.

4. *Cut-up como herramienta de activismo:*

En un contexto de creciente polarización y censura, el cut-up podría convertirse en una herramienta poderosa para la resistencia y el activismo.

Escritores y artistas podrían usar la técnica para subvertir discursos oficiales, crear narrativas alternativas y desafiar estructuras de poder.

El cut-up, con su capacidad para desmantelar el orden establecido, tiene el potencial de ser un medio de expresión disruptivo en tiempos de crisis.

5. *Reinvención del canon literario:*

El cut-up podría ser una estrategia para reimaginar el canon literario, permitiendo la creación de nuevas obras a partir de textos clásicos.

A través de la recombinación de fragmentos de grandes obras literarias, los escritores pueden crear nuevas interpretaciones y desafíos a las nociones tradicionales de autoría y originalidad.

Este enfoque, además de mantener viva la literatura clásica, la reinventa para nuevas generaciones de lectores.

El futuro del cut-up promete ser tan dinámico y evolutivo como lo ha sido su historia.

A medida que las tecnologías avanzan y las barreras entre los géneros se desmoronan, el cut-up se encuentra en una posición única para seguir transformando la literatura.

Desde su uso en el activismo hasta su integración con la tecnología digital, el cut-up continuará desafiando las convenciones y abriendo nuevas posibilidades para los escritores y lectores del mañana.

V

Apéndices y bibliografía

13

Apéndice - Dos textos clásicos de cut-up: Transcripciones y comentarios

E ste apéndice ofrece una selección de dos fragmentos de obras icónicas que han utilizado la técnica del cut-up, acompañados de comentarios que contextualizan su creación y analizan su impacto.

Estos textos sirven como referencia esencial para cualquier escritor o lector interesado en profundizar en la técnica.

Miles de citas pueden hallarse entre los autores de estilo experimental que han utilizado la técnica cut-up.

1. *David Bowie*

"Moonage Daydream" (fragmento) (1971)

Transcripción:

"Put your ray gun to my head. Press your space face close to mine, love. Freak out in a moonage daydream, oh yeah. The church of man, love—is such a holy place to be."

("Apunta tu pistola de rayos a mi cabeza. Presiona tu cara espacial cerca de la mía, amor. Enloquece en un sueño lunar, oh sí. La iglesia del hombre, amor, es un lugar tan sagrado en el que estar".)

Comentario:

David Bowie, aunque principalmente conocido como músico, integró la técnica del cut-up en su proceso de composición, particularmente durante la década de 1970.

Utilizando fragmentos de textos y reconfigurándolos, Bowie creó letras que son enigmáticas y abiertas a múltiples interpretaciones. Este enfoque permitió a Bowie explorar identidades fragmentadas y conceptos abstractos, contribuyendo a su estatus como ícono cultural.

(El premio Nobel de literatura, Bob Dylan, es otro cantautor icónico que ha reconocido abiertamente haber utilizado la técnica de cut-up en sus versos, tal como puede verse en varios informes en Internet.)

2. *Tristan Tzara*

"Pour faire un poème dadaïste" ("Para hacer un poema dadaísta") (fragmento) (1921)

Transcripción:

"Prenez un journal. Prenez une paire de ciseaux. Choisissez un article aussi long que celui que vous comptez réaliser pour votre poème. Découpez l'article. Ensuite, découpez soigneusement chacun des mots qui composent cet article et mettez-les dans un sac. Secouez doucement."

(Toma un periódico. Toma un par de tijeras. Elige un artículo tan largo como la longitud que planeas dar a tu poema. Recorta el artículo. Luego, recorta con cuidado cada una de las palabras que componen este artículo y méthelas en una bolsa. Agita suavemente".)

Comentario:

Tristan Tzara, uno de los fundadores del movimiento dadaísta, es un precursor del cut-up. Aunque su método era más cercano a la poesía dadaísta, su enfoque de "collage" inspiró el desarrollo posterior del cut-up.

Su poesía refleja su rechazo a la lógica y al orden en favor del caos y la espontaneidad, principios fundamentales que Burroughs y Gysin adoptarían y expandirían en sus propios trabajos.

Este apéndice ofrece un compendio valioso para aquellos que desean entender y aplicar la técnica del cut-up, proporcionando ejemplos textuales clave que demuestran cómo ha sido implementada esta técnica.

Al estudiar estos fragmentos y sus contextos, los lectores pueden obtener una apreciación más profunda de la versatilidad y el impacto de esta técnica revolucionaria.

14

Apéndice - Recursos para el escritor

E ste segundo y último apéndice está diseñado para proporcionar a los escritores una guía de recursos esenciales sobre la técnica del cut-up, desde lecturas fundamentales hasta herramientas prácticas que puedan ayudar en la creación de textos utilizando esta técnica.

La lista de lecturas recomendadas y recursos adicionales es una referencia indispensable para cualquiera que desee profundizar en el cut-up o experimentar con él en sus propios proyectos literarios.

Lecturas recomendadas

1. Burroughs, William S. y Gysin, Brion

Le troisième esprit (1976)

Una obra clave que explora en profundidad la técnica del cut-up y su aplicación en la literatura.

Es un recurso esencial para comprender el desarrollo y la filosofía detrás del cut-up.

2. Gysin, Brion

Back in No Time: The Brion Gysin Reader

Antología editada por Jason Weiss en 2002, esta es una colección de escritos de Gysin que ofrece una visión integral de su trabajo y pensamiento.

Incluye ejemplos de su uso del cut-up y es una lectura esencial para cualquier interesado en la técnica.

3. Acker, Kathy

Bodies of Work (1997)

Colección de ensayos y ficción que muestra cómo Acker incorporó la técnica del cut-up en su escritura.

Este libro es fundamental para entender la evolución del cut-up en un contexto contemporáneo.

4. Pélieu, Claude

Automatic Pilot (1964)

Este poemario lleva la técnica del cut-up a un nuevo nivel, integrando elementos de la cultura pop y la psicodelia de la década de 1960.

Es un excelente ejemplo de cómo el cut-up puede ser utilizado para romper las barreras entre la alta y baja cultura.

5. Tristan Tzara

Sept manifestes Dada; Lampisteries: 1916-1920 (1978)

Aunque no es un texto de cut-up en sí mismo, las ideas dadaístas de Tristan Tzara inspiraron la técnica.

Este libro es fundamental para comprender los antecedentes culturales y filosóficos del cut-up.

6. Bowie, David

Moonage Daydream: The Life & Times of Ziggy Stardust (2002)

Realizado en colaboración con Mick Rock, este es un libro visual que también incluye fragmentos de letras escritas utilizando el método del cut-up.

Es una referencia única para ver cómo la técnica fue aplicada en la música y la cultura pop.

7. Nuttall, Jeff

Bomb Culture (1968)

Se trata de un análisis de la contracultura británica que explora el impacto del cut-up cuando habla de los movimientos artísticos radicales.

Este libro es útil para contextualizar el cut-up dentro de un marco sociocultural más amplio.

8. Pélieu, Claude

Jukeboxes (1972)

Una obra emblemática que utiliza la técnica del cut-up para explorar temas de alienación y desorientación en un mundo mediatizado.

Este libro es un excelente ejemplo del cut-up aplicado a la literatura francesa.

9. Burroughs, William S.

The Soft Machine (1961)

Una de las primeras obras en utilizar extensamente el cut-up.

Es un libro esencial para comprender cómo el autor utilizó la técnica para subvertir las narrativas convencionales.

10. Gysin, Brion

The Process (1969)

Una novela que, aunque no emplea el cut-up de manera tan explícita como las obras de Burroughs, está impregnada de la misma filosofía experimental.

Es una lectura recomendada para aquellos que buscan entender las raíces del cut-up en la narrativa.

Herramientas prácticas

1. *Scrivener*

Es un software de escritura que permite organizar fragmentos de texto de manera no lineal, ideal para escritores que desean experimentar con la técnica del cut-up en un entorno digital.

2. *The cut-up machine*

Disponible gratis en la página web Language is a virus (https://www.langua geisavirus.com/cutupmachine.php), la máquina de cut-up es un generador de cut-ups en línea.

Permite a los usuarios pegar texto y crear versiones cut-up automáticamente.

Si bien por el momento puede ser vista más como una promesa de avances tecnológicos venideros, esta herramienta es útil para experimentar rápidamente con la técnica.

3. *Evernote*

Es una aplicación para tomar y organizar notas que permite almacenar y reorganizar fragmentos de texto. Puede servir para el desarrollo de proyectos de cut-up.

4. *TIC-80A Tiny Computer*

Es una pequeña computadora de fantasía que permite crear juegos, música y gráficos.

No es una herramienta de escritura tradicional, pero se puede utilizar para explorar el cut-up en el ámbito digital y multimedia.

5. *Trello*

Es una herramienta de gestión de proyectos que permite mover tarjetas de texto de un lugar a otro, facilitando la reestructuración de contenidos de manera que imita la técnica del cut-up.

Este apéndice es una fuente de referencia esencial para cualquier escritor que desee explorar la técnica del cut-up.

La bibliografía proporciona una base -aunque escasa- de lecturas, mientras que las herramientas recomendadas ofrecen medios prácticos para aplicar la técnica de manera efectiva en la creación literaria.

15

Bibliografía

Acker, Kathy (1978). *Blood and Guts in High School*. Nueva York: Grove Press.

Acker, Kathy (1988). *Empire of the Senseless*. Grove Press.

Acker, Kathy (1997). *Bodies of Work*. Londres: Serpent's Tail.

Andrews, Bruce y Bernstein, Charles (editores) (1984). *The L=A=N=G=U=A=G=E Book*. Carbondale: Southern Illinois University Press.

Bateson, Gregory (1972). *Steps to an Ecology of Mind*. Chandler Publishing Company.

Beiles, Sinclair; Burroughs, William; Corso, Gregory y Gysin, Brion (1968). *Minutes to Go*. Beach Books, Texts and Documents.

Bey, Hakim (1991). *T.A.Z.: The Temporary Autonomous Zone*. Autonomedia.

Bowie, David (2002). *Moonage Daydream: The Life & Times of Ziggy Stardust*. Londres: Genesis Publications.

Bowie, David (2013). *David Bowie Is...* Londres: V&A Publishing.

Breton, Andre (2001). *Le surréalisme et la peinture*. Gallimard.

Burroughs, William Seward (1959). *Naked Lunch*. París: Olympia Press.

Burroughs, William Seward (1964). *Nova Express*. Grove Press

Burroughs, William Seward (1970). *The Electronic Revolution*. Expanded Media Editions.

Burroughs, William Seward (1961). *The Soft Machine*. París: Olympia Press.

Burroughs, William Seward (1962). *The Ticket That Exploded*. Olympia Press.

Burroughs, William S. y Gysin, Brion (1976). *Le troisième esprit.* Paris: Flammarion, 1976.

Coe, Jonathan (2004). *Like a Fiery Elephant: The Story of B.S. Johnson.* Picador.

Cortázar, Julio (1996). *62/Modelo para armar.* Alfaguara.

D'Agata, John (2009). *The Lost Origins of the Essay.* Minneapolis: Graywolf Press.

Danielewski, Mark Z. (2000). *House of Leaves.* Nueva York: Pantheon Books.

Danielewski, Mark Z. (2006). *Only Revolutions.* Nueva York: Pantheon Books.

Eisenstein, Elizabeth (1979). *The Printing Press as an Agent of Change.* Cambridge: Cambridge University Press.

Genette, Gerard (1989). *Palimpsestos: La literatura en segundo grado.* Taurus.

Goldsmith, Kenneth (2013). *Seven American Deaths and Disasters.* Nueva York: powerHouse Books.

Gysin, Brion (1969). *The Process.* Nueva York: Doubleday.

Gysin, Brion (2001). *Back in No Time: The Brion Gysin Reader.* Middletown, Estados Unidos: Wesleyan University Press.

Harris, Oliver. (2003). *William S. Burroughs and the Secret of Fascination.* Southern Illinois University Press.

Higgins, Dick (1987). *Pattern Poetry: Guide to an Unknown Literature.* Albany, Estados Unidos: State University of New York Press.

Joyce, James (1922). *Ulysses.* París: Shakespeare and Company.

Kraus, Chris (2017). *After Kathy Acker: A Biography.* Los Ángeles: Semiotext(e).

Lydenberg, Robin (1987). *Word Cultures: Radical Theory and Practice in William S. Burroughs' Fiction.* University of Illinois Press.

Lynch, David (2006). *Catching the Big Fish: Meditation, Consciousness, and Creativity.* Nueva York: TarcherPerigee.

McCarthy, Tom (2010). *C.* Londres: Jonathan Cape.

McClure, Michael (1994). *Scratching the Beat Surface: Essays on New Vision from Blake to Kerouac.* Penguin Books.

Montfort, Nick (2003). *Twisty Little Passages: An Approach to Interactive Fiction.* Cambridge: MIT Press.

Murphy, Timothy S. (1997). *Wising Up the Marks: The Amodern William*

Burroughs. University of California Press.

Nuttall, Jeff (1972). *Bomb Culture*. Londres: Paladin.

Odier, Daniel. (1989). *The Job: Interviews with William S. Burroughs*. Penguin Books.

Ondaatje, Michael (1970). *The Collected Works of Billy the Kid*. Toronto: Anansi.

Pélieu, Claude (1964). *Automatic Pilot*. San Francisco: City Lights Books.

Pélieu, Claude (1972). *Jukeboxes*. París: 10/18 editions.

Place, Vanessa (2010). *Tragodia 1: Exposición de hechos*. Blanc.

Place, Vanessa (2011). *Tragodia 2: Estado del caso*. Blanc.

Place, Vanessa (2011). *Tragodia 3: Argumento*. Blanc.

Rasula, Jed (2016). *History of a Shiver: The Sublime Impudence of Modernism*. Oxford: Oxford University Press.

Rhys, Jean (1966). *Wide Sargasso Sea*. Londres: André Deutsch.

Shields, David (2010). *Reality Hunger: A Manifesto*. Nueva York: Alfred A. Knopf.

Simanowski, Roberto (2011). *Digital Art and Meaning: Reading Kinetic Poetry, Text Machines, Mapping Art, and Interactive Installations*. Minneapolis: University of Minnesota Press.

Skerl, Jeannie y Lydenberg, Robin (1991). *William S. Burroughs at the Front: Critical Reception, 1959–1989*. Southern Illinois University Press.

Skerl, Jennie. (1985). *William S. Burroughs*. Twayne Publishers.

Tristan Tzara (1918). *Dada Manifesto*. Zürich: Dada Press.

Tristan Tzara (1963). *Seven Dada Manifestos and Lampisteries*. París: Jean-Jacques Pauvert.

Zurbrugg, Nicholas (1992). "Entrevista a Brion Gysin" (en francés; traducida por Vincent Barras), en *Poésies sonores*. Ginebra (Suiza): Éditions Contrechamps. En: https://books.openedition.org/contrechamps/1298